Maria-Therese Tietmeyer
Weiße Blumen

Bilder und Texte

Insel Verlag

Insel-Bücherei Nr. 1317

© Insel Verlag Frankfurt am Main und Leipzig 2009

Weiße Blumen

Orchidee

Die Töchter der Gärtnerin

Die eine füllt die großen Delfter Krüge,
Auf denen blaue Drachen sind und Vögel,
Mit einer lockern Garbe lichter Blüten:
Da ist Jasmin, da quellen reife Rosen
Und Dahlien und Nelken und Narzissen …
Darüber tanzen hohe Margeriten
Und Fliederdolden wiegen sich und Schneeball
Und Halme nicken, Silberflaum und Rispen …
Ein duftend Bacchanal …
Die andre bricht mit blassen feinen Fingern
Langstielige und starre Orchideen,
Zwei oder drei für eine enge Vase …
Aufragend mit den Farben die verklingen,
Mit langen Griffeln, seltsam und gewunden,
Mit Purpurfäden und mit grellen Tupfen,
Mit violetten, braunen Pantherflecken
Und lauernden, verführerischen Kelchen,
Die töten wollen …

Hugo von Hofmannsthal

Kamelie

Camelie (Camellia)

Nie sprachst du ein Wort von Milde,
das so wohl dem Ohre schallt.
Scheinst gleich einem Marmorbilde
stolz und schön, doch rauh und – kalt.

Rainer Maria Rilke

Dahlie

Georgine

Lohn wird dir zu allen Zeiten
ohne Müh und Arbeit nie.
Liebe mußt du auch erstreiten;
denn nur dann verdienst du sie.

Rainer Maria Rilke

Akanthus

Epikurs Garten

Beim Ysop stand er wünschte mir Freude
wie man Guten Tag sagt.
Nicht hungern nicht dürsten nicht frieren.
Das alles ist dir gegeben du darfst
dich selbst messen mit Zeus. Ich notiert es.
Beim Akanthus ließ er sich nieder ich bot ihm Käse
Wein Feigen wir machten es uns glückselig. Der Tod
ist für uns ein Nichts. Keine Empfindung besitzt,
was der Auflösung zufiel. Was aber
keine Empfindung mehr hat – ich notiert es –
das kümmert uns nicht. Wir lauschten dem Ahorn.
Ohne Wissen von der Natur kann man keine Freude
vollkommen genießen. Notiert ich. Wem genug zu wenig ist
dem ist gar nichts genug. Ein griechisch Himmelblau
durchspielte die Reden. Wie notieren? Grün sagte er ist gut
für die Augen Grün ist Leben.
Aber der Sinn fragte ich der Sinn der Sinn des Lebens ist
das Leben sagte er. Ich notiert es.
Wir tranken noch einen Klaren. Lebe verborgen
empfahl er wie man Lebe wohl sagt und verschwand
Madison Ecke 78th wo es die klassischen hamburger gibt. Der
Inopos rauschte vorüber.

Ulla Hahn

Passionsblume

Passionsblume

Verehr' in meinem Bilde
Den Martertod des Herrn;
Die Christenseelen milde,
Die sehn mein Blühen gern.

Luise Hensel

Zinnie

Entwicklung einer Zinnie

Knospe, halb erwacht
in Gewitternacht ...
Kern von samtenem Rubin,
Schuppiger Kelch umwindet ihn;
Doch dem Rand entschlüpfen viele
Gelbe Stifte, grüne Stiele,
Und das unvollkommene Rund
Ordnet sich von Stund zu Stund ...
Aus den Stielen, aus den Stiften

Scheinen Flügel sich zu lüften,
Blättchen fein wie Faltergold,
Noch zu Hülsen eingerollt,
Jedes Blättchen auserwählt
Und von Elfenhand gezählt, –
Noch ein einziger Tageslauf,
Und die Hülsen tun sich auf,
Sind von Purpur schon durchdrungen,
Glätten sich zu seidnen Zungen,
Und die Zünglein all, die schmalen,
Schlürfen unsichtbare Strahlen,
Blühn sich aus mit Ätherlust
In dem seligen August …
In der Mitte, hold erlesen,
Webt ein Ring von Staubgefäßen
Und umgibt als goldnes Band
Einen neuen Blütenstand.

Komm nun, feierliche Stunde,
Unbegreifliche Sekunde,
Wo der flüchtige Schein
Aufglänzt als das wahre Sein!
Mags nun welken, mags zerstieben, –
Ewig bleibt es eingeschrieben –
Zauberspruch –
In des Vaters Formenbuch.
Unscheinbar und ohne Namen
Tief im Dunkel träumt der Samen.

Hans Carossa

Kletterrose

Die Nachtigall

Das macht, es hat die Nachtigall
Die ganze Nacht gesungen;
Da sind von ihrem süßen Schall,
Da sind in Hall und Widerhall
Die Rosen aufgesprungen.

Sie war doch sonst ein wildes Kind;
Nun geht sie tief in Sinnen,
Trägt in der Hand den Sommerhut
Und duldet still der Sonne Glut
Und weiß nicht, was beginnen.

Das macht, es hat die Nachtigall
Die ganze Nacht gesungen;
Da sind von ihrem süßen Schall,
Da sind in Hall und Widerhall
Die Rosen aufgesprungen.

Theodor Storm

Fingerhut

Fingerhütchen

Fingerhütchen lauert still
auf der Töne Leiter,
wie das Liedchen enden will,
führt er leicht es weiter:
»Silberfähre, gleitest leise« –
»Ohne Ruder, ohne Gleise.«
Aus dem Hügel ruft's empor:
»Das ist dir gelungen!«
Unterm Boden kommt hervor
kleines Volk gesprungen.

»Fingerhütchen, Fingerhut«,
 lärmt die tolle Runde,
»faß dir einen frischen Mut!
Günstig ist die Stunde!
Silberfähre, gleitest leise
ohne Ruder, ohne Gleise!
Dieses hast du brav gemacht,
lernet es, ihr Sänger!
Wie du es zustand gebracht,
hübscher ist's und länger!

Conrad Ferdinand Meyer

Herbstanemone

Frühling 1946

Holde Anemone,
bist du wieder da
und erscheinst mit heller Krone
mir Geschundenem zum Lohne
wie Nausikaa?

Windbewegtes Bücken;

Woge, Schaum und Licht!
Ach, welch sphärisches Entzücken
nahm dem staubgebeugten Rücken
endlich sein Gewicht?

Aus dem Reich der Kröte
steige ich empor,
unterm Lid noch Plutons Röte
und des Totenführers Flöte
gräßlich noch im Ohr.

Sah in Gorgos Auge
eisenharten Glanz,
ausgesprühte Lügenlauge
hört' ich flüstern, daß sie tauge
mich zu töten ganz.

Anemone! Küssen
laß mich dein Gesicht:
Ungespiegelt von den Flüssen
Styx und Lethe, ohne Wissen
um das Nein und Nicht.

Ohne zu verführen,
lebst und bist du da,
still mein Herz zu rühren,
ohne es zu schüren –
Kind Nausikaa!

Elisabeth Langgässer

Weiße Rose, grün

Weiße Rose
in der Dämmerung

Traurig lehnst du dein Gesicht
Übers Laub, dem Tod ergeben,
Atmest geisterhaftes Licht,
Lässest bleiche Träume schweben.

Aber innig wie Gesang
Weht im letzten leisen Schimmer
Noch den ganzen Abend lang
Dein geliebter Duft durchs Zimmer.

Deine kleine Seele wirbt
Ängstlich um das Namenlose,
Und sie lächelt, und sie stirbt
Mir am Herzen, Schwester Rose.

Hermann Hesse

Myrte

Myrten

Sie brach ein Reis vom Hochzeitskranz
Und pflanzt' es gläubig ein:
»Nun trage mir ein Kränzlein grün
Fürs künftige Töchterlein!«

Sind sechzehn Jahre wohl herum;
Das Reislein wuchs heran,
Hier sitzt das wache Töchterlein –
Fehlt nur der Freiersmann.

Theodor Storm

Schneeglöckchen

Schneeglöckchen

Der Schnee, der gestern noch in Flöckchen
Vom Himmel fiel,
Hängt nun geronnen heut' als Glöckchen
Am zarten Stiel.
Schneeglöckchen läutet, was bedeutet's
Im stillen Hain?
O komm geschwind! Im Haine läutet's
Den Frühling ein.
O kommt, ihr Blätter, Blüt' und Blume,
Die ihr noch träumt,
All zu des Frühlings Heiligtume
Kommt ungesäumt!

Friedrich Rückert

Schachbrettblume

Der alte Garten

Kaiserkron' und Päonien rot,
Die müssen verzaubert sein,
Denn Vater und Mutter sind lange tot,
Was blühn sie hier so allein?

Der Springbrunn plaudert noch immerfort
Von der alten schönen Zeit,
Eine Frau sitzt eingeschlafen dort,
Ihre Locken bedecken ihr Kleid.

Sie hat eine Laute in der Hand,
Als ob sie im Schlafe spricht,
Mir ist, als hätt' ich sie sonst gekannt –
Still, geh vorbei und weck' sie nicht!

Und wenn es dunkelt das Tal entlang,
Streift sie die Saiten sacht,
Da gibt's einen wunderbaren Klang
Durch den Garten die ganze Nacht.

Joseph von Eichendorff

Wicke

Wenn du zu den Blumen gehst

Wenn du zu den Blumen gehst,
Pflücke die schönsten, dich zu schmücken.
Ach, wenn *du* in dem Gärtlein stehst,
Müßtest du dich selber pflücken.

Alle Blumen wissen ja,
Daß du hold bist ohnegleichen.
Und die Blume, die dich sah –
Farb und Schmuck muß ihr erbleichen.
Wenn du zu den Blumen gehst,
Pflücke die schönsten, dich zu schmücken.
Ach, wenn *du* in dem Gärtlein stehst,
Müßtest du dich selber pflücken.

Lieblicher als Rosen sind
Küsse, die dein Mund verschwendet,
Weil der Reiz der Blumen endet,
Wo *dein* Liebreiz erst beginnt.
Wenn du zu den Blumen gehst,
Pflücke die schönsten, dich zu schmücken.
Ach, wenn *du* in dem Gärtlein stehst,
Müßtest du dich selber pflücken.

Paul Heyse

Tulpe

Die Tulpe

Andre mögen andre loben,
Mir behagt dein reich Gewand,
Durch sein eigen Lied erhoben
Pflückt dich eines Dichters Hand.

In des Regenbogens sieben
Farben wardst du eingeweiht,
Und wir sehen, was wir lieben,
An dir zu derselben Zeit.

Als mit ihrem Zauberstabe
Flora dich entstehen ließ,
Einte sie des Duftes Gabe
Deinem hellen, bunten Vlies.

Doch die Blumen all, die frohen,
Standen nun voll Kummers da,
Als die Erde deinen hohen
Doppelzauber werden sah.

Göttin! o zerstör uns wieder,
Denn wer blickt uns nur noch an?
Sprach's die Rose, sprach's der Flieder,
Sprach's der niedre Thymian.

Flora kam, um auszusaugen
Deinen Blättern ihren Duft:
Du erfreust, sie sagt's, die Augen,
Sie erfreun die trunkne Luft.

August von Platen

Rose, rosa

Duldsam

Des Morgens früh, sobald ich mir
Mein Pfeifchen angezündet,
Geh ich hinaus zur Gartentür,
Die in den Garten mündet.

Besonders gern betracht ich dann
Die Rosen, die so niedlich;
Die Blattlaus sitzt und saugt daran
So grün, so still, so friedlich.

Und doch wird sie, so still sie ist,
Der Grausamkeit zur Beute;

Der Schwebefliegen Larve frißt
Sie auf bis auf die Häute.

Schlupfwespchen flink und klimperklein,
So sehr die Laus sich sträube,
Sie legen doch ihr Ei hinein
Noch bei lebend'gem Leibe.

Sie aber sorgt nicht nur mit Fleiß
Durch Eier für Vermehrung;
sie kriegt auch Junge hundertweis
Als weitere Bescherung.

Sie nährt sich an dem jungen Schaft
Der Rosen, eh sie welken;
Ameisen kommen, ihr den Saft
Sanft streichelnd abzumelken.

So seh ich in Betriebsamkeit
Das hübsche Ungeziefer
Und rauche während dieser Zeit
Mein Pfeifchen tief und tiefer.

Daß keine Rose ohne Dorn,
Bringt mich nicht aus dem Häuschen.
Auch sag ich ohne jeden Zorn:
Kein Röslein ohne Läuschen!

Wilhelm Busch

Stiefmütterchen

Bei den weißen Stiefmütterchen

Bei den weißen Stiefmütterchen
Im Park wie ers mir auftrug
Stehe ich unter der Weide
Ungekämmte Alte blattlos
Siehst du sagt sie er kommt nicht

Ach sage ich er hat sich den Fuß gebrochen
Eine Gräte verschluckt, eine Straße
Wurde plötzlich verlegt oder
Er kann seiner Frau nicht entkommen
Viele Dinge hindern uns Menschen

Die Weide wiegt sich und knarrt
Kann auch sein er ist schon tot
Sah blaß aus als er dich untern Mantel küßte
Kann sein Weide kann sein
So wollen wir hoffen er liebt mich nicht mehr

Sarah Kirsch

Lotos

Die Lotosblume ängstigt
Sich vor der Sonne Pracht,
Und mit gesenktem Haupte
Erwartet sie träumend die Nacht.

Der Mond, der ist ihr Buhle,
Er weckt sie mit seinem Licht,
Und ihm entschleiert sie freundlich
Ihr frommes Blumengesicht.

Sie blüht und glüht und leuchtet,
Und starret stumm in die Höh;
Sie duftet und weinet und zittert
Vor Liebe und Liebesweh.

Heinrich Heine

Aronstab

Zwei Blümlein

Zwei Blümlein blühen am Aronstab
Ach, beide überdauern das Grab;
Das weiße liebliche Blümelein,
Das schenkte mir mein Mütterlein.

Mein Mütterlein, so hold und rein,
Wie dieses lichte Blümelein:
Ihr Blümlein überdauert das Grab,
Im Jenseits grünet der Aronstab!

Friederike Kempner

Lilie

Gegenwart

Alles kündet Dich an!
Erscheinet die herrliche Sonne,
Folgst Du, so hoff' ich es, bald.

Trittst du im Garten hervor,
So bist Du die Rose der Rosen,
Lilie der Lilien zugleich.

Wenn Du im Tanze Dich regst,
So regen sich alle Gestirne
Mit Dir und um Dich umher.

Nacht! und so wär' es denn Nacht!
Nun überscheinst Du des Mondes
Lieblichen, ladenden Glanz.

Ladend und lieblich bist Du,
Und Blumen, Mond und Gestirne
Huldigen, Sonne, nur Dir,

Sonne! so sei du auch mir
Die Schöpferin herrlicher Tage;
Leben und Ewigkeit ist's.

Johann Wolfgang Goethe

Phlox

Ich lieb eine Blume

Ich lieb eine Blume, doch weiß ich nicht welche;
Das macht mir Schmerz.
Ich schau in alle Blumenkelche,
Und such ein Herz.

Es duften die Blumen im Abendscheine,
Die Nachtigall schlägt.
Ich such ein Herz so schön wie das meine,
So schön bewegt.

Die Nachtigall schlägt, und ich verstehe
Den süßen Gesang;
Uns beiden ist so bang und wehe,
So weh und bang.

Heinrich Heine

Kosmee

Und die Blümlein

Und die Blümlein alle sagen
dir so viel, vernimmst es du!
Lispeln in des Unglücks Tagen
süße Tröstung leis dir zu.

Glücklich jeder, dem sie's künden,
geht er hin durchs weite Feld –
er allein wird stets empfinden
wahre Lust an dieser Welt.

Er traut auf die eigne Stärke,
auf die eigne Kraft wohl gern;
denn er sieht in jedem Werke
die allmächtge Hand des Herrn!

Rainer Maria Rilke

Nachwort

»Blumen sind das Lächeln der Erde.« Dieses Wort finde ich treffend und beeindruckend zugleich. Denn Blumen bewirken nicht nur Lächeln beim Anschauen; sie lächeln auch selbst, weil sie einfach schön sind – sowohl in der Knospe als auch in der Blüte.

Besondere Freude bereiten mir die weißen Blumen im Garten. Sie strahlen vor dem grünen Untergrund, und in der Dämmerung leuchten sie oft wie gefüllte Sterne.

Weiß ist die vollkommenste helle Farbe. Symbolisch steht sie nicht zu Unrecht auch für Unschuld, Reinheit und Harmonie.

Weiß ist zudem neben dem Grün die wichtigste Einzelfarbe in der Pflanzenwelt. Und sie bestimmt mit Abstand die größte Vielfalt an Pflanzen.

Bei den Blumen in diesem Buch wurde die Farbe Weiß als Malmittel nicht verwendet. Das zugrundeliegende Papier ist hier selbst das weiße Malmittel, indem es von Farbe frei bleibt.

Bleiben Papierstellen vom Malen frei, so spricht man grundsätzlich auch vom Aquarell. Dabei spielt das Wasser natürlich eine wichtige Rolle. Durch Verdünnung einer Farbe mit Wasser wird zugleich eine besondere Durchsichtigkeit und Lichtintensität erreicht.

Die von mir gemalten weißen Blumen sind ohne Vorzeichnung nach der Natur gemalt – in Japan wird das auch »Knochenzeichnung« genannt. Beim Malen halte ich die Blumen in der Hand vor mir. Durch leichte Schattierung bekommen sie dann ihre Gestalt. Die Aquarellmalerei weißer Blumen auf weißem Untergrund gilt nach dem Urteil von Experten als eine der schwierigsten Wasserfarbentechniken.

Angeblich soll es eine steigende Zahl von Liebhabern weißer Blumen geben. Ich hoffe, daß meine gemalten weißen Blumen zusammen mit den Texten vielen Betrachtern und Lesern Freude machen.

Frau Carmen Renate Köper möchte ich sehr herzlich danken für ihre kenntnisreiche und einfühlsame Auswahl der Texte. Sie hat das Buch damit in besonderer Weise ausgezeichnet.

Maria-Therese Tietmeyer

Textnachweise

Busch, Wilhelm: *Duldsam*, aus: Historisch-kritische Gesamtausgabe in 4 Bänden, hg. v. Friedrich Bohne, Wiesbaden/Berlin, Vollmer Verlag 1960

Carossa, Hans: *Entwicklung einer Zinnie*, aus: Hans Carossa, Gedichte. Die Veröffentlichungen zu Lebzeiten und Gedichte aus dem Nachlaß, hg. v. Eva Kampmann-Carossa, Insel Verlag Frankfurt am Main und Leipzig 1995, © Eva Kampmann-Carossa

Eichendorff, Joseph von: *Der alte Garten*, aus: Joseph von Eichendorff, Sämtliche Gedichte und Versepen, hg. v. Hartwig Schultz, Insel Verlag Frankfurt am Main und Leipzig 2001, S. 402.

Goethe, Johann Wolfgang: *Gegenwart*, aus: Verweile doch. 111 Gedichte mit Interpretationen, hg. v. Marcel Reich-Ranicki, Insel Verlag Frankfurt am Main und Leipzig 1992, S. 281.

Hahn, Ulla: *Epikurs Garten*, aus: Epikurs Garten, © 1995 by Deutsche Verlags-Anstalt, München, in der Verlagsgruppe Random House

Heine, Heinrich: *Die Lotosblume ängstigt*; *Ich lieb eine Blume*, aus: Heinrich Heine, Sämtliche Gedichte in zeitlicher Folge, hg. v. Klaus Briegleb, Insel Verlag Frankfurt am Main und Leipzig 1993, S. 151, 309.

Hensel, Luise: *Passionsblume*, aus: Lieder, Verlag Ferdinand Schöningh, Paderborn 1879

Hesse, Hermann: *Die weiße Rose in der Dämmerung*, aus: Hermann Hesse. Die Gedichte, Suhrkamp Verlag Frankfurt am Main 1953, S. 368.

Heyse, Paul: *Wenn du zu den Blumen gehst*, aus: Emanuel Geibel/ Paul Heyse, Spanisches Liederbuch, Insel Verlag Wiesbaden 1952

Hofmannsthal, Hugo von, *Die Töchter der Gärtnerin*, aus: Gesammelte Werke in zehn Einzelbänden, hg. v. Bernd Schoeller in Beratung mit Rudolf Hirsch, Bd. 1: Die Gedichte 1891-1898, S. Fischer Verlag Frankfurt am Main 1979

Kempner, Friederike, *Zwei Blümlein*, aus: Gedichte, Verlag Matthes & Seitz, Berlin 2004

Kirsch, Sarah: *Bei den weißen Stiefmütterchen*, aus: Sämtliche Gedichte, © 2005 by Deutsche Verlags-Anstalt, München, in der Verlagsgruppe Random House

Langgässer, Elisabeth: *Frühling 1946*, aus: Gesammelte Werke, © 1959 by Claassen Verlag in der Ullstein Buchverlage GmbH, Berlin

Meyer, Conrad Ferdinand: *Fingerhütchen*, aus: Sämtliche Gedichte, Verlag Philipp Reclam jun., Ditzingen 1986

Platen, August von: *Die Tulpe*, aus: Blumengedichte, ausgewählt von Sabine Prilop, Verlag Philipp Reclam jun., Ditzingen 2008

Rilke, Rainer Maria: *Camelie (Camellia)*; *Georgine*; *Und die Blümlein*, aus: Die Sprache der Blumen, in: Sämtliche Werke, hg. v. Rilke-Archiv, Bd. 3: Jugendgedichte, Insel-Verlag Wiesbaden 1959

Rückert, Friedrich: *Schneeglöckchen*, aus: Friedrich Rückert, Ausgewählte Werke, hg. v. Annemarie Schimmel, Bd. 1, Insel Verlag Frankfurt am Main 1988, S. 241.

Storm, Theodor: *Die Nachtigall*; *Myrten*, aus: Theodor Storm, Sämtliche Gedichte in einem Band, hg. v. Dieter Lohmeier, Insel Verlag Frankfurt am Main und Leipzig 2002

Inhalt

Orchidee 6
Hugo von Hofmannsthal
Die Töchter der Gärtnerin 7

Kamelie 8
Rainer Maria Rilke
Camelia (Camellia) 9

Dahlie 10
Rainer Maria Rilke
Georgine 11

Akanthus 12
Ulla Hahn
Epikurs Garten 13

Passionsblume 14
Luise Hensel
Passionsblume 15

Zinnie 16
Hans Carossa
Entwicklung einer Zinnie 16

Kletterrose 18
Theodor Storm
Die Nachtigall 19

Fingerhut 20
C. F. Meyer
Fingerhütchen 21

Herbstanemone 22
Elisabeth Langgässer
Frühling 1946 22

Weiße Rose, grün 24
Hermann Hesse
Weiße Rose in der Dämmerung 25

Myrte 26
Theodor Storm
Myrten 27

Schneeglöckchen 28
Friedrich Rückert
Schneeglöckchen 29

Schachbrettblume 30
Joseph von Eichendorff
Der alte Garten 31

Wicke 32
Paul Heyse
Wenn du zu den Blumen gehst 33

Tulpe 34
August von Platen
Die Tulpe 34

Rose, rosa 36
Wilhelm Busch
Duldsam 36

Stiefmütterchen 38
Sarah Kirsch
Bei den weißen Stiefmütterchen 39

Lotos 40
Heinrich Heine
Die Lotosblume ängstigt 41

Aronstab 42
Friederike Kempner
Zwei Blümlein 43

Lilie 44
Johann Wolfgang Goethe
Gegenwart 45

Phlox 46
Heinrich Heine
Ich lieb eine Blume 47

Kosmee 48
Rainer Maria Rilke
Und die Blümlein 49

Nachwort 51
Textnachweise 53

3. Auflage 2015 © für diese Ausgabe Insel Verlag Frankfurt am Main und Leipzig 2009. Alle Rechte vorbehalten, insbesondere das der Übersetzung, des öffentlichen Vortrags sowie der Übertragung durch Rundfunk und Fernsehen, auch einzelner Teile. Kein Teil des Werkes darf in irgendeiner Form (durch Fotografie, Mikrofilm oder andere Verfahren) ohne schriftliche Genehmigung des Verlages reproduziert oder unter Verwendung elektronischer Systeme verarbeitet, vervielfältigt oder verbreitet werden. Bezugspapier: Maria-Therese Tietmeyer. Gesetzt in der Schrift Bembo. Gedruckt auf holzfreies, alterungsbeständiges, mattgestrichenes Papier der Firma Geese, Hamburg vom Memminger MedienCentrum. Gebunden in Fadenheftung von der Buchbinderei Spinner, Ottersweier. Printed in Germany. Erste Auflage dieser Ausgabe 2009.
ISBN 978-3-458-19317-3

John Donne
Erleuchte, Dame, unsere Finsternis
Songs, Sonette, Elegien
Englisch/deutsch
Mit Übertragungen und einem Vorwort
von Wolfgang Held sowie
einem Essay von Madeline Mary Duff
Insel-Bücherei Nr. 1312

Aus dem Schwarm der *metaphysical poets* ragt John Donne, Zeitgenosse von Shakespeare und Marlowe, als ihr Doyen und Meister hervor. Seine bildreichen und komplexen Gedichte, vor allem die zynisch-erotischen, geistvoll zugespitzten, enthusiastisch brutalen Liebesgedichte, wirken bis heute und gehören zum festen Bestand lyrischer Sprachkunst. Wolfgang Helds temperamentvolle Übertragung bietet in Metrum und Reim eine äußerste Annäherung an die Originale.

Arno Schmidt
Stürenburg-Geschichten
Acht Erzählungen
Herausgegeben von Thomas Kluge
Insel-Bücherei Nr. 1313

Friedrich Stürenburg, Vermessungsrat a. D., lädt regelmäßig einen kleinen Bekannten- und Zuhörerkreis in sein Haus am Steinhuder Meer. Zu ihm gehören Hauptmann von Dieskau, Apotheker Dettmer, Frau Waring, die Witwe eines Schiffsarztes, ihre Nichte Emmeline und Stürenburgs Faktotum Hagemann. Von den Schnurren, die er am Kamin vorträgt, wird nur Emmeline, wenn es deftig zu werden droht, zuweilen ausgeschlossen: »Emmeline! Mein Kind: Hol mir doch bitte den Sonnenschirm vom Seeufer!« Arno Schmidt alias Stürenburg erzeugt auf wenigen Seiten Spannung und endet jeweils mit einer überraschenden Pointe – ein Zyklus wohlgewürzter Gruselanekdoten in romantischer Manier.

Heinrich Hoffmann
Dukatenbilder
Herausgegeben von Marion Herzog-Hoinkis
und Rainer Hessenberg
Insel-Bücherei Nr. 1314

Heinrich Hoffmann vermied eigentlich Geldgeschenke. Wenn er sich dennoch dazu genötigt sah, ließ sich der Schöpfer des *Struwwelpeter* etwas Herzliches, etwas Persönliches dazu einfallen: Auf Zeichenkarton malte er phantasievolle Bilder, meist Parodien oder Karikaturen zur Zeitgeschichte und zu Familienereignissen, und versah sie mit humoristischen Versen und Überschriften sowie mit »Golddukaten«, die er in die Darstellung einfügte und die man herauslösen konnte. Zu seinem 200. Geburtstag werden die höchst amüsanten »Dukatenbilder« zum erstenmal in Buchform herausgegeben und mit Erklärungen der historischen wie privaten Anspielungen versehen.

Angela Krauß
Ich muß mein Herz üben
Gedichte
Mit Zeichnungen von Hanns Schimansky
Insel-Bücherei Nr. 1315

In der Laudatio zur Verleihung des Hermann-Lenz-Preises, den Angela Krauß 2007 erhielt, ist die Rede von ihrer »Fähigkeit, sich in eine Harmonie mit der Welt zu setzen, die dies freilich niemandem

leichtmacht«. Erstmals legt Angela Krauß nun Gedichte vor. In diesen scheint erneut auf, was an ihrer Prosa gerühmt wird: Zärtlichkeit und Zauberkraft, Philosophie und Sinnlichkeit, Ernst und Leichtigkeit angesichts der großen Fragen.
Den Zeichner Hanns Schimansky und die Dichterin Angela Krauß verbindet eine lange Freundschaft; sie haben ihre Werke einander zugeordnet, so daß sie sich auf spielerische Weise berühren.

Musaios
Hero und Leander
Aus dem Altgriechischen neu übersetzt
und herausgegeben von Marion Giebel
Mit farbigen Abbildungen
Insel-Bücherei Nr. 1316

Hero, von den Eltern zur Priesterin bestimmt, lebt allein in Sestos am nördlichen Ufer der Dardanellen. Im gegenüberliegenden Abydos stürzt sich auf der asiatischen Seite Leander allnächtlich in die Fluten, um, geleitet von der Öllampe, die Hero ins Fenster ihres Wohnturms stellt, zu ihr zu gelangen – bis eines Nachts im Sturm die Flamme verlischt.
Die Sage von den zwei Königskindern, die zusammen nicht kommen können, weil das Wasser viel zu tief ist, hat schon Ovid gestaltet, ihre vollendete Fassung aber, auf die sich auch Bearbeiter wie Schiller und Grillparzer beziehen, findet sie in dem spätantiken Versepos des Musaios.

Carlos Ruiz Zafón
Gaudí in Manhattan
Eine phantastische Erzählung
Aus dem Spanischen von Peter Schwaar
Insel-Bücherei Nr. 1318

»Jahre später, als ich zuschaute, wie sich das Trauergefolge meines Meisters durch den Paseo de Gracia bewegte, erinnerte ich mich an den Tag, an dem ich Gaudí kennengelernt hatte und sich mein Schicksal für immer änderte.«
Ein junger Architekturstudent begleitet den berühmten Architekten nach Amerika, wo Antonio Gaudí den Auftrag, einen Wolkenkratzer zu bauen, erhalten soll. Doch als sie in Manhattan ankommen, nehmen die Dinge einen ganz anderen Verlauf.
In dieser Geschichte bestätigt sich, was Carlos Ruiz Zafón, der Autor des Welterfolgs *Der Schatten des Windes*, über das Phantastische sagt: Es sei »der Grund- und Schlußstein im großen Palast der Literatur«.

Hans Christian Andersen
Bilderbuch ohne Bilder
Herausgegeben und
aus dem Dänischen übersetzt
von Ulrich Sonnenberg
Insel-Bücherei Nr. 1319

»Eines Abends stand ich ganz betrübt an meinem Fenster, ich öffnete es und schaute hinaus. Nein, wie ich mich freute! Ich sah ein bekanntes Gesicht, ein rundes, freundliches Gesicht, meinen besten Freund von daheim: Es war der Mond, der liebe alte Mond, unverändert derselbe.« Dieser Mond erzählt dem jungen Dichter jeden Abend eine

Geschichte von dem, was er auf seiner Reise am Nachthimmel gesehen hat, Schönes ebenso wie Trauriges, Skurriles, Alltägliches und Wunderbares.

Andersens poetischer Bilderbogen ist gleichberechtigt seinen Märchen an die Seite zu stellen und erscheint hier in einer lange ersehnten Neuübersetzung.